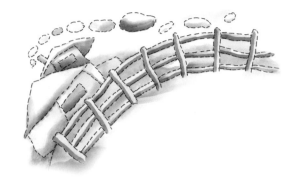

For Gemk,

Whose endless supply of ideas and honest critique made this possible.

感謝 Gemk

源源不絕的靈感及誠懇的建議讓這一切成真。

Jack's Fear

傑克最害怕的東西

Coleen Reddy 著

楊 杰 繪

薛慧儀 譯

三民書局

Jack and his friends are in school. The teacher talks about fear. "Everybody has a fear, but we must face our fear," says the teacher.

傑克和他的朋友在學校裡上課。老師今天講的是「害怕」。

老師說：「每個人都有害怕的東西，但是我們一定要面對自己的恐懼喔！」

The teacher says, "When I was young, my biggest fear was cockroaches. But I faced my fear. I am not afraid of them anymore. You can tell me what your biggest fears are."

老師接著說：「我小時候最怕的就是蟑螂了。
但是我面對了自己的恐懼，現在已經不再怕蟑螂了喔！
你們可以告訴我，你們最害怕的東西是什麼。」

5

The students tell the teacher their fears.
One girl is afraid of the dark.
Another boy is afraid of ghosts.

同學們紛紛告訴老師他們害怕的東西。

有個女生說她最怕黑。另外有個男生說他最怕鬼。

"What is your biggest fear, Jack?" asks the teacher.
"I am afraid of d...d...dogs," says Jack.
Everyone starts laughing.

「傑克，你最怕的是什麼呢？」老師問他。
「我怕⋯我怕ㄍ⋯ㄍ⋯狗⋯」傑克說。
大家都哈哈大笑了起來。

9

"Stop laughing," yells the teacher. "Many people are afraid of dogs. But everyone has to face their fear."
"I cannot face my fear," thinks Jack. "I cannot face a dog."

「別笑了！」老師大聲地說：「很多人都怕狗呀！
但是每個人都必須去面對他們的恐懼才行。」
「我才不敢面對我害怕的東西呢！」傑克在心裡想著。
「我沒辦法去面對一隻狗。」

Jack's neighbor has a terrible dog.
It is big and growls a lot.

Sometimes Jack's neighbor leaves his gate
open and the dog runs out.
When it sees Jack, it always chases him.

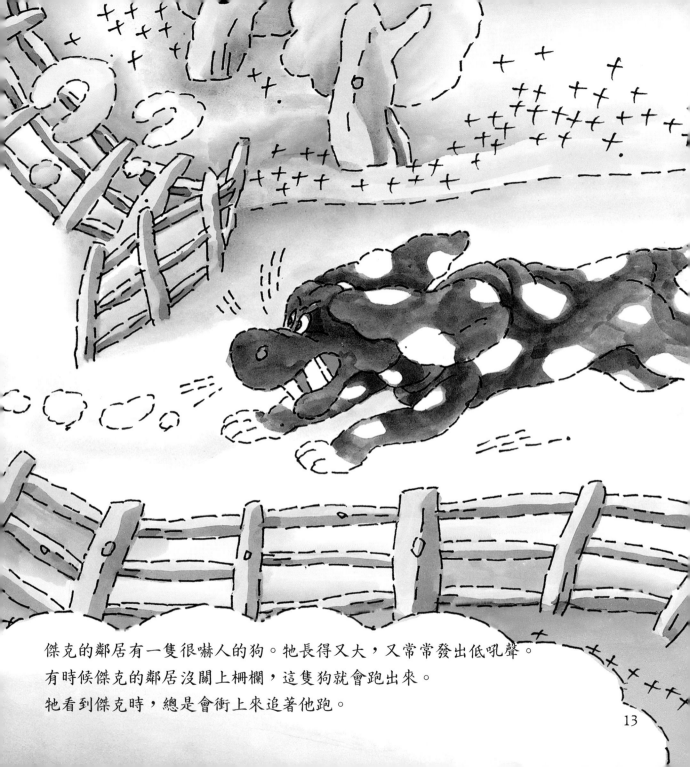

傑克的鄰居有一隻很嚇人的狗。牠長得又大，又常常發出低吼聲。
有時候傑克的鄰居沒關上柵欄，這隻狗就會跑出來。
牠看到傑克時，總是會衝上來追著他跑。

Whenever Jack sees the dog, he runs into his house or climbs up the closest tree. But today, maybe he will not run.
He will face his fear.
He will face the dog.

只要傑克看見這隻狗，他就馬上衝回家裡，
不然就是爬到最近的樹上去。但是今天，也許他不會再逃跑了。
他要面對自己的恐懼。他要勇敢地面對這隻大狗。

15

Jack is almost at home when he sees his neighbor's gate open. That means the dog will run after him again. He walks up to his house.

傑克快到家時，發現鄰居的門又沒關上。
這表示那隻狗又要追著他跑了。
他趕緊加快腳步往家裡走去。

Then he hears the dog. Jack turns around.
The terrible dog is behind him.

18

然後他聽見了大狗的聲音。
傑克轉身一看，那隻可怕的狗就在他後面！

119

Jack wants to run but he doesn't.

The dog comes closer and closer.

It growls and Jack can see its sharp teeth.

傑克本來想逃跑，但是他沒有。
大狗越來越近，越來越近。
牠不斷地低吼著，傑克還可以看到牠又尖又利的牙齒呢！

21

"Forget it," thinks Jack. "This is too scary. I am going to run." But Jack cannot run. He cannot move. The dog is so close and he is so scared. He is frozen.

「算了算了，」傑克心想，「這實在太可怕了。我要逃命了！」
但傑克卻沒辦法跑，他根本連動都動不了。
因為狗實在離他太近，他居然害怕到全身都僵硬了！

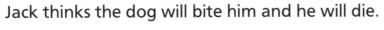

Jack thinks the dog will bite him and he will die.

His life flashes before his eyes.

He thinks about his family and friends.

He will never see them again.

傑克心想，這隻大狗一定會咬他，他死定了！
他眼前閃過一段段的往事。
他想到家人和朋友，他再也見不到他們了。

The dog is so close to him.

He closes his eyes because he can't bear to look.

He closes his eyes and waits.

這隻狗離他好近。
他緊緊閉上眼睛,因為他根本不敢看。
他緊緊閉著眼睛等著。

But instead of teeth, Jack feels something else on his skin.
Something wet. He opens his eyes.
The dog is not biting him but licking his hand.

但是碰到傑克的不是牙齒，而是別的東西，還溼溼的呢！
他睜開眼睛一看，原來這隻狗不是在咬他，而是在舔他的手啊！

The dog wags its tail and playfully licks Jack's face.
Jack starts laughing because it tickles him.
"I did it! I did it!" Jack thinks. "I faced my fear!"

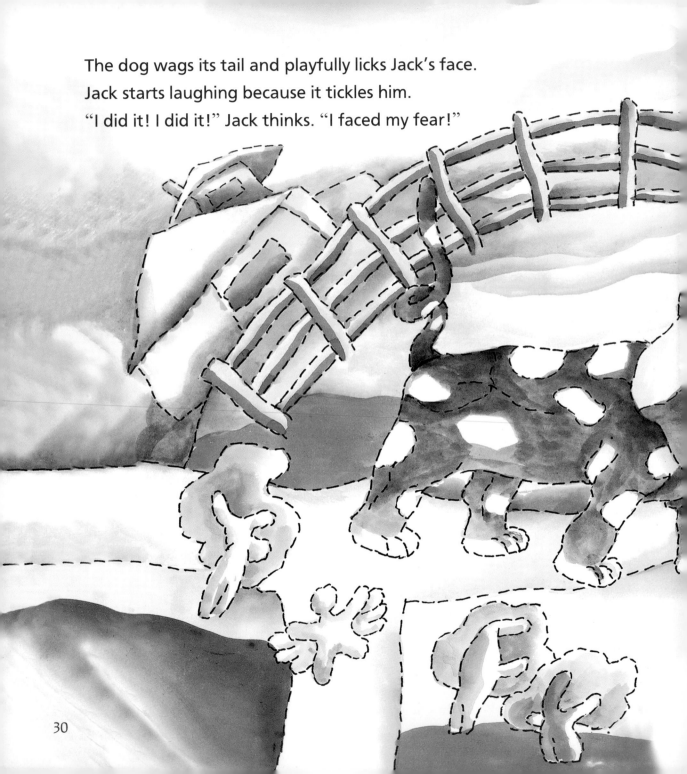

大狗搖著尾巴，開心地舔著傑克的臉。
傑克忍不住笑了起來，因為大狗舔得他好癢喔！
「我成功了！我成功了！」傑克想，「我面對我的恐懼了！」

31

一起來認識狗狗肢體語言！

　　小朋友，你喜歡狗狗嗎？還是你像傑克一樣害怕狗呢？狗是最常見的寵物，走在路上時，很容易看到有人在溜狗或是一些徘徊街頭的流浪狗。狗狗一向是人類最忠實的朋友，但是牠也有自己的情緒，你知道狗用什麼方式來表達自己的情緒嗎？就是靠著臉部表情和肢體語言喔！下面我們就來看看，狗狗怎麼用不同的肢體語言來表達情緒吧！

狗狗常用以下幾種方法來表達情緒：

1. 尾巴：狗狗搖尾巴的話，表示牠很友善、心情很好。如果牠把尾巴高舉，則表示牠很有信心、覺得自己是強勢的。一般說來，狗狗的尾巴搖得愈高，地位也愈高；而如果牠覺得自己受到了威脅、壓迫，就會把尾巴降低搖動著。

2. 臉部表情：狗狗常常把各種情緒寫在臉上，所以只要懂得「察顏觀色」，就可以明白牠現在心情怎樣了！狗狗的表情可以從下面幾個地方來觀察：

　　(1) 露出牙齒：有些狗狗在很高興的時候，會像人一樣露出牙齒來嘻嘻地笑呢！不過如果狗狗把嘴唇完全向後捲，連犬齒都露出來，一副齜牙咧嘴的樣子時，就代表牠有攻擊性，最好離牠遠一點喔！

(2) 耳朵：狗狗的耳朵很有活動性，可以隨著聲音的來源轉動。狗狗把耳朵往前面豎起來時，表示牠保持高度的警戒心和攻擊性，這個時候就要小心了喔！而耳朵在正常位置時，就表示狗狗的心情很平和。另外，耳朵服貼地下垂通常表示順從及心情愉快。

(3) 眼睛：狗狗高興的時候眼睛會很明亮，但是如果狗狗眼睛直瞪著你的話，就要注意了！對狗狗來說，瞪眼表示挑戰，平常時如果人瞪著狗看，狗就會避開視線表示服從。所以當狗狗直直地瞪著你看時，牠就是在看準你的動作並且準備攻擊你了。

3. 吠叫：狗狗提高聲音吠叫，表示牠受到挫折或是情緒激動（例如心情很亢奮、想找主人玩），通常不代表攻擊性。成年狗狗的低吼帶有攻擊的意味，狗狗要是低吼再加上身體呈現攻擊姿態的話，千萬不要靠近牠喔！

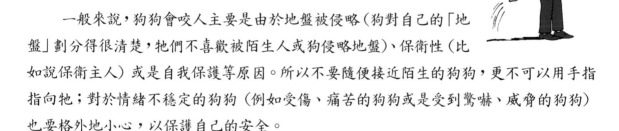

一般來說，狗狗會咬人主要是由於地盤被侵略（狗對自己的「地盤」劃分得很清楚，牠們不喜歡被陌生人或狗侵略地盤）、保衛性（比如說保衛主人）或是自我保護等原因。所以不要隨便接近陌生的狗狗，更不可以用手指指向牠；對於情緒不穩定的狗狗（例如受傷、痛苦的狗狗或是受到驚嚇、威脅的狗狗）也要格外地小心，以保護自己的安全。

經過這番介紹，相信你對於怎麼判斷狗狗的情緒已經有了初步的了解囉！只要懂得和狗狗相處的方法，牠們會是你最忠心的朋友和最佳的玩伴喔！

生字表

全新創作 英文讀本
帶給你優格（yogurt）般，青春的酸甜滋味！

Teens' Chronicles

愛閱雙語叢書

青春記事簿

大維的驚奇派對／秀寶貝，說故事／杰生的大秘密
傑克的戀愛初體驗／誰是他爸爸？
叛逆大維打工記／外星老師來上課／耶！放假了！

你我身上純真的影子，
透過一篇篇幽默風趣的故事重現，
推薦你這套青春無悔的創作系列，
讓愛玫、杰生、大維、凱爾、海倫、傑克，
帶你進入他們的世界，品味另一種學習英語的全新感受。

波波 唸翻天系列

你知道可愛的小兔子也會 "碎碎唸" 嗎？
波波就是這樣。
他將要告訴我們什麼有趣的故事呢？

波波的復活節／波波的西部冒險記／波波上課記／我愛你，波波
波波的下雪天／波波郊遊去／波波打球記／聖誕快樂，波波／波波的萬聖夜

共 9 本，每本均附 CD

國家圖書館出版品預行編目資料

Jack's Fear:傑克最害怕的東西 / Coleen Reddy著;
楊杰繪; 薛慧儀譯.－－初版一刷.－－臺北市;
三民，2003
　　面；　公分－－(愛閱雙語叢書.二十六個妙朋
友系列) 中英對照
ISBN 957－14－3773－5　（精裝）

1.英國語言－讀本

523.38　　　　　　　　　　　　　92008839

© 　Jack's Fear
　　　　　──傑克最害怕的東西

著作人　Coleen Reddy
繪　圖　楊　杰
譯　者　薛慧儀
發行人　劉振強
著作財
產權人　三民書局股份有限公司
　　　　臺北市復興北路386號
發行所　三民書局股份有限公司
　　　　地址／臺北市復興北路386號
　　　　電話／(02)25006600
　　　　郵撥／0009998－5
印刷所　三民書局股份有限公司
門市部　復北店／臺北市復興北路386號
　　　　重南店／臺北市重慶南路一段61號
初版一刷　2003年7月
編　號　S 85639－1
定　價　新臺幣壹佰捌拾元整
行政院新聞局登記證局版臺業字第○二○○號

ISBN　957－14－3773－5　（精裝）